PROYECTO
SABER
HACER

W0404195

CUADERNO

Lengua Castellana

Segundo trimestre

PRIMARIA 1

El cuaderno Lengua Castellana 1, para primer curso de Primaria, es una obra colectiva concebida, diseñada y creada en el Departamento de Ediciones Educativas de Santillana Educación, S. L., dirigido por **Antonio Brandi Fernández**.

En su elaboración ha participado el siguiente equipo:

TEXTO
Paloma Espejo Roig
Sagrario Luna Rodríguez

ILUSTRACIÓN
Javier Hernández Herranz

EDICIÓN
Carmen Ríos Collantes de Terán

DIRECCIÓN DEL PROYECTO
Maite López-Sáez Rodríguez-Piñero

SANTILLANA

Índice

Unidad 6

Unidad 7

Unidad 8

Unidad 9

Unidad 10

pri pre pro pra pru

1 Escribe cada palabra en su lugar.

princesa profesor pregunta perfume

2 Completa con las palabras anteriores y copia.

La  prueba el  .

El  hace una  .

FICHA 2

pla plo plu ple pli

1 Escribe cada palabra en su lugar.

playa · cantimplora · pulpo · planeta

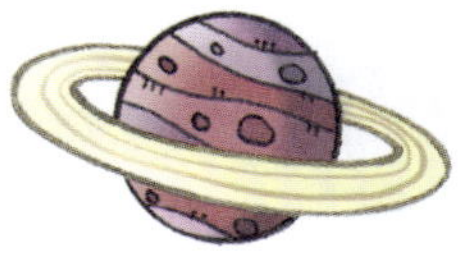

2 Completa y copia.

planta · plumero · pulgones

Mi  tiene  .

Los quito con un  .

bre bri bra bro bru

1 Completa con bra, bre, bri, bro. Después, copia.

fá ca | lie | ce | cha

2 Rodea y copia las palabras con br.

A Bernabé le gustan las bromas.
Hoy se vistió de brujo, con un
sombrero de pico y un abrigo
con bordados brillantes.

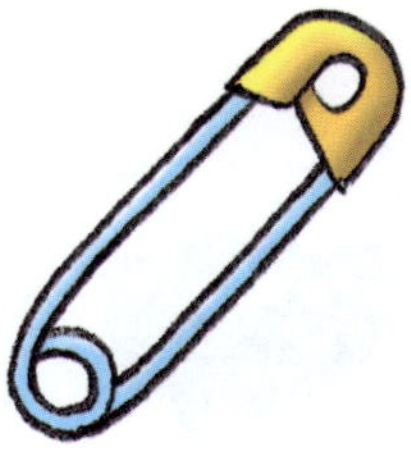

ble bli bla blo blu

1 Escribe donde corresponda.

Anabel parte la tabla.

Blanca dobla la blusa.

Blasa enchufa el cable.

2 Observa, completa y copia.

blanco

blando

El coche es

El colchón es

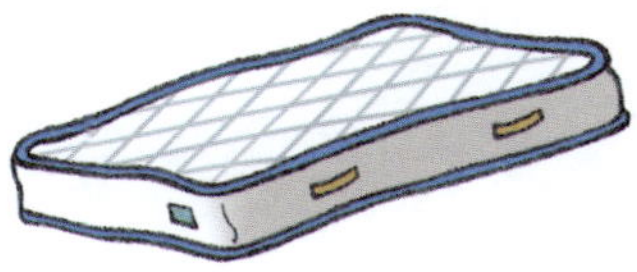

FICHA 5

1 Completa con bar o bra. Después, copia.

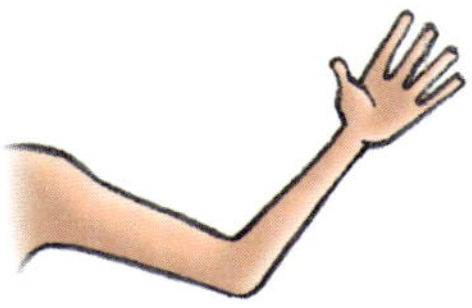

co

co

zo

ba

2 Rodea. Después, escribe cada palabra en su lugar.

pla

pal

aeroplano municipal espalda

plaza palmas sopla plato

pla ▶

pal ▶

3 Tacha la sílaba BLA y escribe el mensaje oculto.

BLA	BAL	DO	BLA	ME	BLA
RO	BLA	SE	A	BLA	SO
MA	BLA	AL	BLA	BAL	CÓN.

FICHA 6

1 Repasa y copia. Después, lee en voz alta las palabras.

radio

carro

loro

circo

2 Rodea las palabras con r o rr. Después, escribe en su lugar.

María y Sara corren cerca del río. Después juegan en el agua y se ríen mucho. ¡Lo pasan de maravilla!

La r suena suave

La r suena fuerte

3 Copia las dos palabras que contienen los dos sonidos de la r.

carrera	zurrón	manguera
cuerda	relojero	tubería

FICHA 7

1 Divide las palabras en sílabas y cuéntalas.

burbuja ▶ | bur | | | Tiene ☐ sílabas.

papel ▶ | | | Tiene ☐ sílabas.

alameda ▶ | | | | | Tiene ☐ sílabas.

2 Ordena las sílabas para formar palabras.

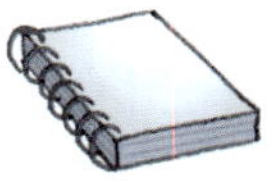

ta | bre | li

bri | ti | ca | llo

3 Resuelve los crucigramas.

A

HA

Completar una ficha personal

1 Completa esta ficha con tus datos personales.

DATOS DEL ALUMNO

Nombre:

Fecha de nacimiento:

Nombre del padre:

Nombre de la madre:

Dirección:

Localidad:

Colegio:

Curso: Clase:

Una plaga de roedores

Hace mucho tiempo, en un pueblo, hubo una terrible plaga de roedores. Las casas, las calles, las plazas... ¡Todo estaba lleno de estos molestos animalitos!

Para solucionar el problema, un viejo sabio ordenó a sus vecinos colocar sobre el río unas tablas que sirvieran de puente.

Hecho esto, el anciano pronunció unas palabras mágicas e, inmediatamente, los roedores salieron de la ciudad por el puente recién fabricado.

Cuando pasaron todos, los vecinos retiraron las tablas y... ¡Así se libraron de los roedores!

1 ¿De qué era la plaga? Rodea.

2 ¿Quién ideó el plan para echar a los roedores?

La princesa va a una fiesta

La princesa va a una fiesta
al palacio de las hadas
y en su pelo resplandece
una corona de plata.

Lleva zapatos brillantes,
vestido de finas perlas,
la cara muy empolvada
y blanca capa de seda.

El rey al verla llegar
se ha llevado una sorpresa
y le ha dicho muy contento:
¡vamos a bailar, princesa!

1 ¿Qué personajes aparecen en el poema? Marca.

◯ El rey. ◯ El príncipe. ◯ La princesa.

2 Recuerda cómo iba vestida la princesa y escribe qué prenda le falta en el dibujo.

FICHA 1

cre cri cro cra cru

1 Observa y escribe.

cromo cartulina

plato cristal

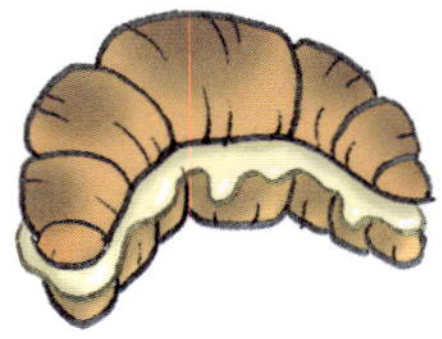

cruasán crema

Es un cromo de

Es un plato

2 Rodea y copia las palabras con cr.

El gallo tiene una cresta.
La yegua, una crin hermosa.
Y la cerdita Carmela,
dos crías de pelo rosa.

cla cli cle clo clu

1 Rodea y copia las palabras con cl.

ciclón caracol clima colmena

teclado colchón ancla alcalde

cl ▶

2 Elige, completa y copia.

clarinete

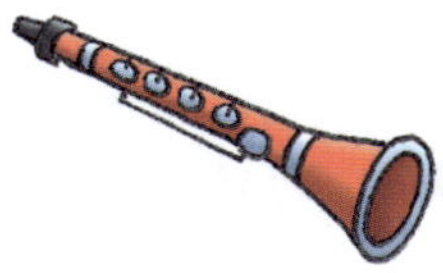

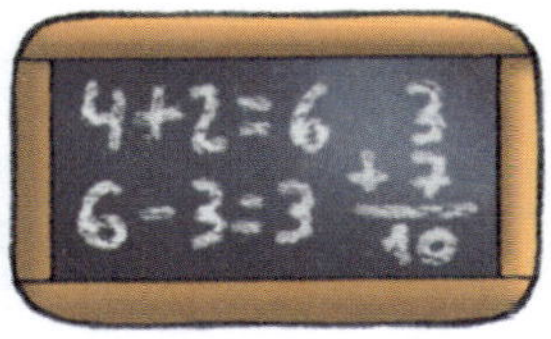

cálculo

Cloti va a clase de

3 Busca tres palabras con cl y escríbelas.

L	C	L	A	V	E	L	T	P
B	E	T	E	C	L	A	I	N
P	C	A	L	D	O	A	G	I
L	C	H	I	C	L	E	J	O

FICHA 3

gre gri gra gro gru

1 Completa con gri, gra, gru. Después, copia.

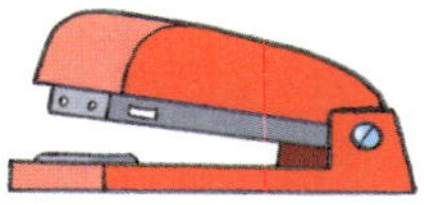

padora

fo

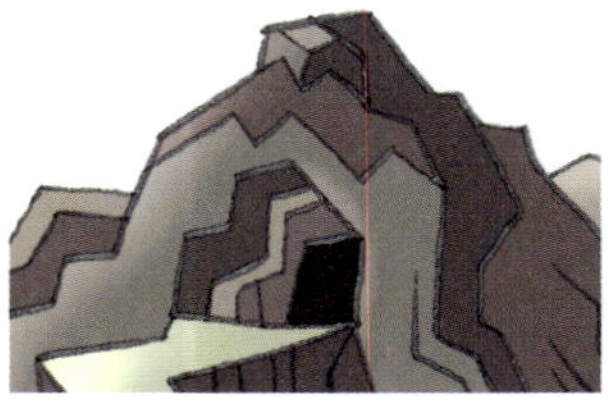

ta

2 Completa con las palabras anteriores y copia.

Gracián explora la

Milagros tiene una

Agripino arregla el

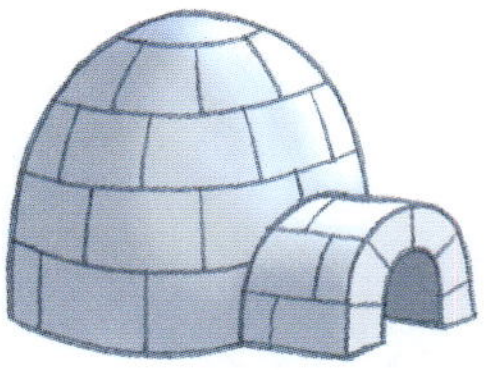

glu gli gle gla glo

1 Escribe cada palabra en su lugar.

regla inglés gladiador

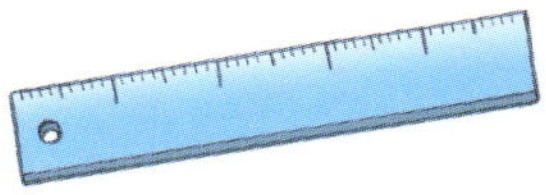

2 Observa, completa y copia.

Ángel corta los

Olga viaja en

Gladis vive en la

FICHA 5

1 Rodea. Después, escribe cada palabra en su lugar.

gra — grave — regar — garbanzo — grande

gar — garza — grasa — granada — garganta

gra ▶

gar ▶

2 Elige, completa y copia.

cruce — curva — cruz

Una peligrosa.

Una de coral.

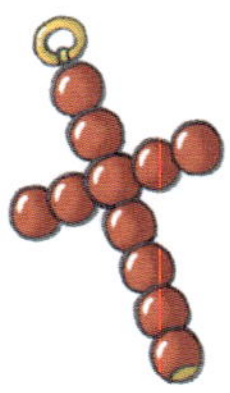

Un de caminos.

1 Completa con ca, que, qui, co, cu.

Enri____ va a una ____rrera de ____ches.
____ando llega al cir____ito, se compra un
bo____dillo de ____so, una bebida de ____la
y un pa____te de ____ramelos. Después
____rre a su asiento. ¡____mienza la
competición! ¿____én ganará la ____pa?

2 Escribe sus nombres.

FICHA 7

1 Cuenta las palabras de cada oración y escribe.

Hay grillos en el jardín. ▶ Tiene ☐ palabras.

Ese hombre es equilibrista. ▶ Tiene ☐ palabras.

2 Separa las palabras y escribe oraciones.

El⁝canguirosalta.

Anacogeunamanzana.

3 Ordena las palabras y escribe una oración.

Mi	Sevilla.	tío	está	en
1				

Escribir una nota

1 Lee y contesta.

Gabriel, no te olvides
de meter el bocadillo
en la mochila.
Un beso.

Mamá

- ¿A quién va dirigida la nota?
- ¿Quién la ha escrito?
- ¿Para qué la ha escrito?

2 Inventa y escribe una nota.

Canción del burro enfermo

A mi burro, a mi burro
le duele la cabeza
y el médico le ha puesto
una gorrita negra.

A mi burro, a mi burro
le duele la garganta
y el médico le ha puesto
una corbata blanca.

A mi burro, a mi burro
le duele el corazón
y el médico le ha dado
jarabe de limón.

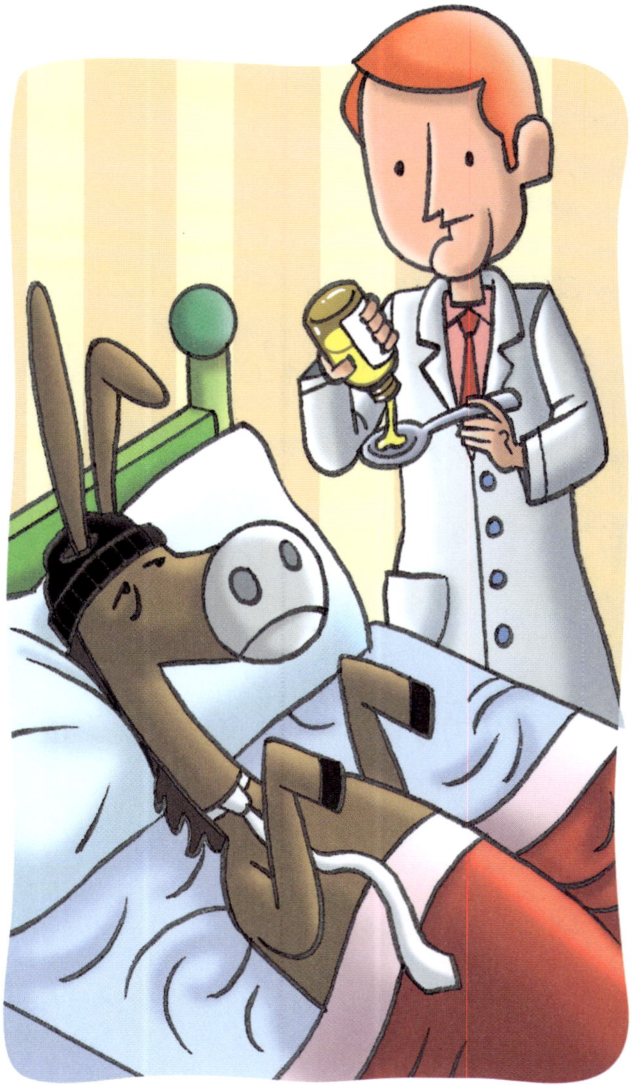

1 ¿Qué remedio utiliza el médico en cada caso? Une.

Para el dolor de cabeza

Para el dolor de garganta

Para el dolor de corazón

El mercader y los monos

Un mercader de sombreros dormía bajo un cocotero. Al despertarse, descubrió que su cargamento había desaparecido.

De pronto oyó unos gritos y vio un grupo de monos columpiándose en las palmeras. ¡Cada mono llevaba puesto un sombrero!

El mercader se enfureció y, con rabia, tiró su gorro al suelo.
Los monos, divertidos, lo imitaron, y así el hombre recuperó su mercancía.

1 ¿Qué vendía el mercader? Escribe.

El mercader

2 ¿Por qué tiró el mercader su gorro? Marca.

- ☐ Porque estaba muy enfadado.
- ☐ Porque sabía que así recuperaría la mercancía.

fre fri fro fru fra

1 ¿Qué hay en la mesa? Observa, elige y escribe.

bebidas frías | fruta fresca | patatas fritas | frutos secos

Hay

2 Escribe donde corresponda.

Fernando abre el frigorífico.
Onofre exprime la fregona.

FICHA 2

fla flu fli fle flo

1 Rodea y copia las palabras con fl.

Flora se viste de flamenca.
Lleva una falda de flores
y un mantón con flecos.
En la feria baila al son
del flautín. ¡Ole y ole!

2 Elige, completa y copia.

moflete flequillo

Flavio tiene un lunar en el

FICHA 3

tri tra tro tre tru

1 Copia y une.

El trapecista del circo.

El maestro de tercero.

El guardia de tráfico.

2 ¿Cómo se leen estos números? Escribe.

4 ▶

13 ▶

3 ¿Cuántas trencas hay? Cuenta y escribe.

Hay

dro dru dri dre dra

1 Escribe cada palabra en su lugar.

cocodrilo
dromedario

2 Lee, completa y copia.

Andrés

Sandra

Pedro

Adriana

Andrés juega al ajedrez
con Sandra, su madrina.
Pedro juega a las damas
con su prima Adriana.

 es la madrina de .

 es la prima de .

1 Rodea. Después, escribe en su lugar.

dro	almendro	comedor	ladrón
dor	cuadro	tenedor	adorno

dro ▶

dor ▶

2 Observa, une y escribe.

Un traje	de terciopelo.
Una falda	de cuadros.
Un edredón	de camuflaje.

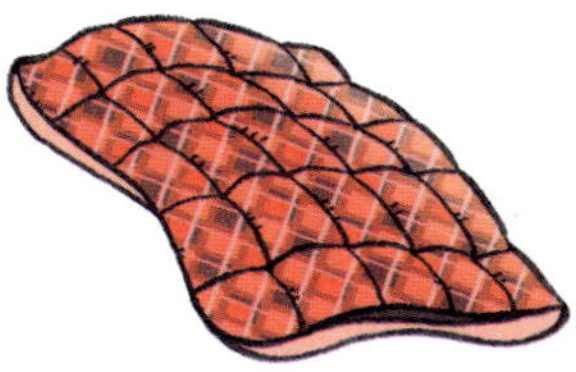

1 Lee en voz alta y copia las palabras en las que suena la u.

guía	higuera	piragüista	vergüenza
agüita	aguijón	paragüero	guepardo

2 Completa con que, gui, güe, güi. Después, copia.

ci ña

jil ro

á la

pin no

3 Elige dos palabras de la actividad anterior y escribe una oración con cada una.

FICHA 7

1 Escribe el o la.

Nombres masculinos	Nombres femeninos
____ circo	____ caseta
____ parque	____ jaula
____ zoo	____ ratonera

2 Escribe cada nombre en su lugar.

Masculinos

Femeninos

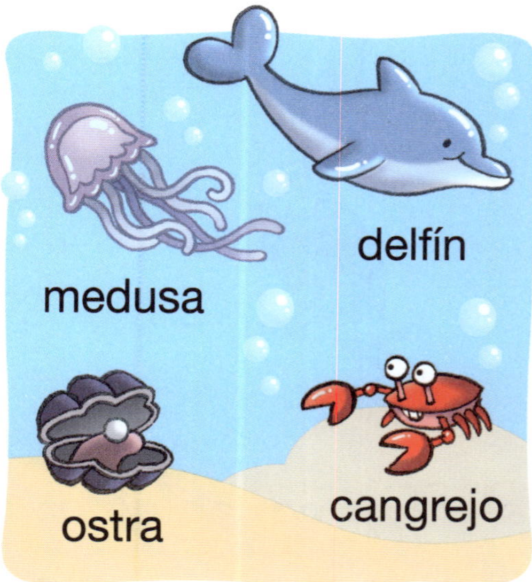

3 Piensa y escribe tres nombres femeninos.

Aprender e inventar un trabalenguas

1 Lee y aprende.

El pueblo está entablillado.
¿Quién lo desentablillará?
El desentablillador
que lo desentablille
buen desentablillador será.

2 Inventa y escribe tu propio trabalenguas con estas palabras.

cabra | encabritada | desencabritará

El Monte Feliz

Esta es la historia de un monte quemado, donde no había ni plantas ni animales.

Un día pasaron por allí unos conejos.

–Este es el Monte Quemado –señaló uno de ellos–. ¿A que es muy feo?

–No podemos dejarlo así –dijo un conejito muy impresionado.

Entonces, avisaron a otros animales. Entre todos trajeron árboles del bosque y arbustos de la pradera. Cuando lo plantaron todo, el monte se veía precioso. Muchos animales decidieron vivir allí y llamarlo el Monte Feliz.

1 ¿Qué hicieron los conejos para salvar el monte? Marca.

- ◯ Plantaron árboles y arbustos.
- ◯ Organizaron un festival.

2 Escribe los dos nombres que tuvo el monte.

El dragón del parque

En un parque, tres amigos
se sentaron a leer cuentos
en las patas de un dragón
de cartón, hierro y cemento.

El dragón, emocionado,
a los tres niños les dijo:
-¡Ay, ay, qué triste me siento!
¡Yo nunca he tenido amigos!

Desde entonces, cada tarde,
los niños van muy contentos
a jugar con el dragón
y a leerle muchos cuentos.

1 Contesta.

▸ ¿De qué estaba hecho el dragón?

▸ ¿Por qué se sentía triste?

1 Escribe cada palabra en su lugar.

cocina zanahorias garbanzos cesta cazuela

za, zo, zu

ce, ci

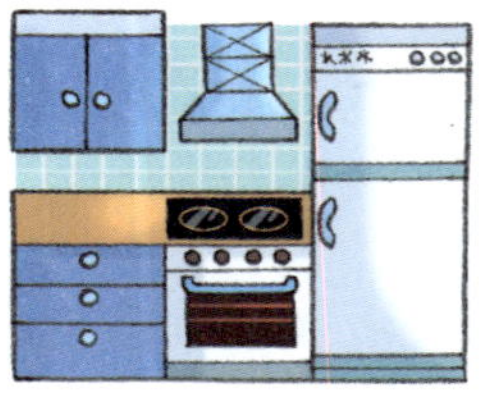

2 Escribe una oración con algunas de las palabras anteriores.

3 Completa con c o z.

cal etín

an uelo

ri os

balan ín

1 Observa y escribe sus nombres en singular y en plural.

 el hurón ▶  los hurones

 la ▶ 

 ▶ 

 ▶ 

2 Rodea. Después, escribe cada nombre en su lugar.

en singular   en plural

entrenadores   zapatero   policía   médicos

informático   camareras   músicos   pintoras

Singular

Plural

FICHA 3

1 Observa, une las oraciones y escribe.

María canta.

Su prima baila.

María canta y su prima baila.

Alberto lee.

El bebé se ríe.

y

Beatriz cose.

Santi plancha.

2 Completa. ¡No olvides separar las palabras por comas!

- ¿Qué hay en tu habitación?

Hay juguetes, y

- ¿Qué llevas en tu mochila?

Llevo

FICHA 4 SABER HACER

Hacer la lista de la compra

1 Lee la receta y subraya los ingredientes.

RECETA DE LA PIZZA MARGARITA

1. Colocar la base en una bandeja de horno.
2. Extender tomate frito sobre la base de la pizza hasta cubrirla completamente.
3. Añadir queso en lonchas y aceitunas negras, y espolvorear con queso rallado y orégano.
4. Meter la pizza en el horno a 200 grados durante 12 minutos.

2 Elabora tu lista de la compra con los ingredientes que necesitas para hacer la pizza.

Tardes de cuento

Tarde de lluvia en mi casa.
Sobre la alfombra, los cuentos.
En un lejano país,
caballero era en mis juegos.

Por lanza tenía una caña;
por casco, una cacerola;
por espada, una madera,
y por caballo, una escoba.

El dragón era mi gato;
el castillo, la escalera.
Y la vecina de enfrente,
la más hermosa princesa.

CARLOS REVIEJO

1 Piensa en los objetos que usaba el niño en sus juegos y une.

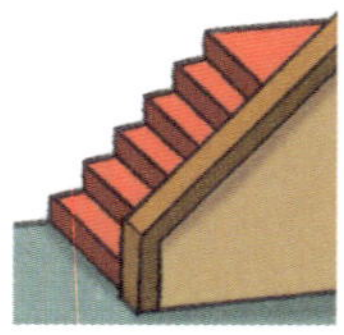

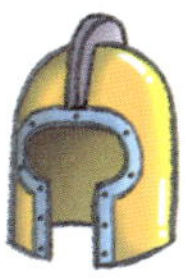

2 ¿Qué personajes eran en la imaginación del niño? Escribe.

El gato era un

La vecina era una

FICHA 6

La reunión de los ratones

Una noche se reunieron todos los ratones de una granja. Estaban muy preocupados porque el nuevo gato del granjero era un gran cazador. ¡Había que hacer algo!

En medio de la reunión, un joven ratoncillo propuso:

–Podemos colgarle un cascabel en el cuello. Así oiremos todos sus movimientos.

Los ratones aplaudieron. ¡Era una idea genial!

Entonces, un viejo ratón preguntó:

–¿Y quién le va a poner el cascabel al gato?

Ningún ratón se ofreció voluntario. Y todos se retiraron cabizbajos.

1 ¿Para qué se reunieron los ratones? Marca.

- ◯ Para gastarle una broma al gato.
- ◯ Para pensar cómo defenderse del gato.

2 ¿Resolvieron los ratones su problema con el gato? ¿Por qué?

FICHA 1

1 Escribe sus nombres. No olvides las mayúsculas.

Me llamo Irene y vivo en Madrid con mi padre, mi abuela Julia, mi hermano Marco y mi gatita Mina. Esta semana estamos de vacaciones en Valencia.

› ¿Qué ciudades aparecen en el texto? Escribe sus nombres.

y

2 Escribe.

Nombres de mis amigos

Mi lugar de nacimiento

1 ¿Qué hacen? Observa y completa.

El mono ________ y el león ________

La hiena ________ y el gorila ________

El tucán ________ y la cebra ________

2 Lee y contesta con una palabra en cada caso.

La jardinera riega y el jardinero cava.

- ¿Qué hace la jardinera? ________
- ¿Qué hace el jardinero? ________

3 Construye una oración con estas palabras.

____

FICHA 3

1 Observa, une las oraciones y escribe.

Gonzalo es alto.

Gonzalo es delgado.

Gonzalo es alto y delgado.

Yumbo es grande.

Yumbo es gris.

2 ¿Por dónde circulan? Escribe.

El coche circula por

La bicicleta

El peatón

Escribir el final de un cuento

1 Lee y continúa el cuento.

La hormiga y la paloma

Una hormiga estaba bebiendo en un río cuando, de repente, se cayó al agua.

Una paloma que volaba por allí cogió una hojita del suelo y la tiró al agua. La hormiga se subió a ella y así consiguió salvarse.

Días después, un cazador llegó al monte. La hormiga lo vio sacar su escopeta y apuntar a la paloma.

Sin pensarlo dos veces, la hormiga subió por el brazo del cazador y le dio un fuerte mordisco.

Entonces,

FICHA 5

Los perros de Daniel

Daniel tenía diez perros en su casa. Él era muy feliz con ellos, pero ladraban tanto que no dejaban dormir a nadie.

Un día, los vecinos se reunieron ante la casa de Daniel con sus gallinas, sus ovejas, sus gatos...

–¡Coococó! ¡Bee, bee! ¡Miaaaaau!

Con tanto ruido, los perros de Daniel también se pusieron a ladrar. ¡Era insoportable!

–¡Por favor, haced que se callen! –suplicaba Daniel.

–¡Pues haz tú lo mismo con tus perros! –le respondieron.

Daniel entendió a sus vecinos y llevó a sus perros a la huerta que tenía junto al molino. ¡Era un sitio estupendo para ellos! Y, desde entonces, en el pueblo ya se puede dormir tranquilo.

INMACULADA DÍAZ (adaptación)

1 ¿Qué problema tenían los vecinos? Marca.

- ◯ Que no tenían un lugar donde guardar a sus animales.
- ◯ Que no podían dormir con los ladridos de los perros.

2 ¿Cómo solucionó Daniel el problema? Escribe.

María Genios

El verdadero nombre de María Genios era María Jesús, pero, como siempre estaba enfadada, todos la llamaban así.

El día de su cumpleaños, a María Genios se le antojó un corderito que vio en una tienda de animales. Sus padres sabían que su hija era bastante irresponsable y le advirtieron:

–Un corderito no es un juguete. Es un ser vivo y tendrás que cuidarlo.

–¡Lo quiero! –gritó la niña–. Y se llamará Algodón.

María Genios se llevó el corderito y… ¡lo cuidó de maravilla!

Gracias a Algodón, la niña perdió sus malos modos y recuperó su nombre. Ahora todos la llaman María Jesús.

INMACULADA DÍAZ (adaptación)

1 ¿Por qué llamaban María Genios a la niña? Escribe.

____

2 ¿Cómo era María Genios? Escribe.

responsable   irresponsable   caprichosa   cuidadosa

Al principio era __________ y __________

Al final era __________ y __________

1 ¿Cómo se llama el gusano? Observa la clave de color y escribe cada letra donde corresponda.

a	g	o	l	u
s	p	n	r	e

2 Busca los nombres de cuatro animales de granja. Después, cuenta las letras de cada palabra y escríbelas en su lugar.

C	A	O	C	P	U	C
O	V	E	J	A	H	Q
N	A	A	N	L	E	T
E	C	N	E	I	W	X
J	A	S	J	U	I	L
O	G	A	A	D	W	L
G	A	L	L	I	N	A

3 Escribe sus nombres. Después, copia cada letra en la casilla correspondiente y descubre el mensaje.

8	16	25	13
Y			

19	2	12	20	6

10	11	21	4

29	38	36	
			Z

33	1	7		34	35	26	22	30
			C					

37	23	3	17		24
				O	

14	39	31

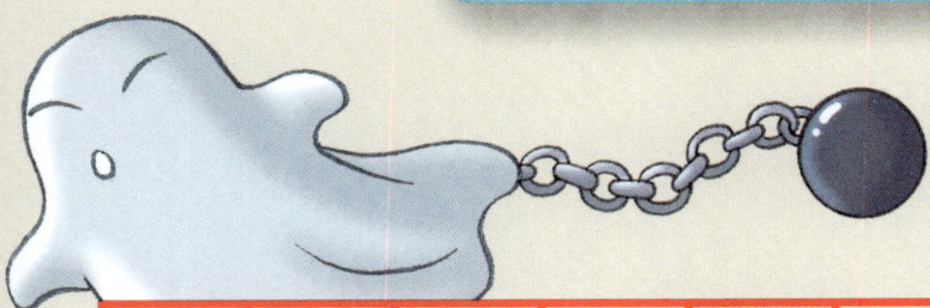

1	2	3	4		6	7	8		10	11	12	13	14
	16	17		19	20	21	22	23	24	25	26		
29	30	31		33	34	35	36	37	38	39			

Dirección de arte: José Crespo González.

Proyecto gráfico: Pep Carrió.
Fotografía de cubierta: Leila Méndez.

Jefa de proyecto: Rosa Marín González.
Coordinación de ilustración: Carlos Aguilera Sevillano.
Jefe de desarrollo de proyecto: Javier Tejeda de la Calle.
Desarrollo gráfico: José Luis García Bermejo, Raúl de Andrés González, Rosa Barriga Gaitán y Jorge Gómez Tobar.

Dirección técnica: Ángel García Encinar.

Coordinación técnica: Raquel Carrasco Ortiz y Jesús Muela Ramiro.
Confección y montaje: Paloma Espejo Roig.
Corrección: Ana M.ª Díaz Villa y María F. G. Llamas.

Avda. de los Artesanos, 60
28760 Tres Cantos, Madrid
PRINTED IN SPAIN

ISBN: 978-84-680-1542-2
CP: 502857
Depósito legal: M-28822-2013